VAMOS FALAR DE® NEURODIVERGÊNCIA

REFERÊNCIAS

American PsychiatricAssociation (2023). Diagnostic and statistical manual of mental disorders (5th ed., text rev.; DSM-5-TR). Porto Alegre: Artmed.

Kapp, S. K. (Ed.) (2020). Autistic community and theneuro diversity movement: Stories fromthefrontline. Palgrave Macmillan.

Barkley, R. A. (2015). Taking charge of adult ADHD (2nd ed.). Guilford Press.

Milton, D. E. M. (2012). On the ontological status of autism: The "double empathy problem". Disability& Society, 27(6), 883–887. https://doi.org/10.1080/09687599.2012.710008

AS AUTORAS

Regina Lopes é psicóloga (PUC-RS), neuropsicóloga, pós-doutoranda em Psicologia Clínica (PUC-RS), com doutorado e mestrado em Psicologia Clínica (PUC-RS), especialista em Psicologia Clínica. Ênfase em Avaliação Psicológica, Reabilitação Neuropsicológica, Neuropsicologia e Terapia Cognitivo-Comportamental. Coordenadora, supervisora dos cursos de Avaliação Psicológica, Neuropsicologia e Reabilitação do Núcleo Médico Psicológico. Autora e coautora de diversos artigos e livros.

Roberta Nascimento é psicóloga (PUC-RS), mestre em Psicologia Clínica (PUC-RS), especialista em Avaliação Psicológica e Psicodiagnóstico, especialista em Psicologia Jurídica, especialista em Psicologia e Orientação Profissional, especialista em Psicologia do Trânsito. Diretora, supervisora e professora do Núcleo Médico Psicológico, nas disciplinas de RH e Avaliação Psicológica. Professora de cursos de pós-graduação. Autora e coautora de diversos artigos e livros.

www.matrixeditora.com.br
/MatrixEditora | @matrixeditora | /matrixeditora | /matrixeditora

DIRETOR EDITORIAL
Paulo Tadeu

PROJETO GRÁFICO
Marcelo Córreia

REVISÃO
Adriana Wrege
Silvia Parollo

CIP-BRASIL - CATALOGAÇÃO NA PUBLICAÇÃO
SINDICATO NACIONAL DOS EDITORES DE LIVROS, RJ

Lopes, Regina
Vamos falar de neurodivergência / Regina Lopes, Roberta Nascimento. - 1. ed. - São Paulo: Matrix, 2025; 100 p.; 10 cm.

ISBN 978-65-5616-593-6

1. Pessoas com deficiência - Psicologia. 2. Autismo.
3. Distúrbio do déficit de atenção com hiperatividade.
I. Nascimento, Roberta. II. Título.

25-98881.0 CDD: 616.85
CDU: 616.896

Carla Rosa Martins Gonçalves - Bibliotecária - CRB-7/4782

VAMOS FALAR DE®
NEURODIVERGÊNCIA

Quando algo muda
de última hora, como
seu corpo e sua
mente reagem?

VAMOS FALAR DE® NEURODIVERGÊNCIA

Você sente dificuldade
em entender pistas sociais
sutis, como ironia
ou indireta?

VAMOS FALAR DE® NEURODIVERGÊNCIA

Que parte do seu jeito de funcionar você gostaria que as pessoas admirassem mais?

VAMOS FALAR DE® NEURODIVERGÊNCIA

Quando você entra em hiperfoco, o que acontece com o tempo e com o mundo ao seu redor?

VAMOS FALAR DE®
NEURODIVERGÊNCIA

Você já sentiu que sua fala ou tom de voz é mal interpretado? Como isso afeta você?

VAMOS FALAR DE®
NEURODIVERGÊNCIA

Quais sons, texturas
ou cheiros costumam
incomodar você muito
mais do que aos outros?

VAMOS FALAR DE®
NEURODIVERGÊNCIA

Como você se sente quando está em um lugar novo e não sabe exatamente o que esperar?

VAMOS FALAR DE® NEURODIVERGÊNCIA

Que tipo de rotina você gostaria de construir se pudesse organizar o seu dia à sua maneira?

VAMOS FALAR DE® NEURODIVERGÊNCIA

Quando você se expressa de forma intensa, como as pessoas costumam reagir?

VAMOS FALAR DE® NEURODIVERGÊNCIA

Em que momentos você sente que está fingindo estar bem para evitar dar explicações?

VAMOS FALAR DE® NEURODIVERGÊNCIA

O que você costuma pensar sobre si mesmo(a) quando não consegue terminar algo?

VAMOS FALAR DE® NEURODIVERGÊNCIA

Você já sentiu vergonha de uma característica que hoje entende como parte da sua neurodivergência? Comente.

VAMOS FALAR DE®
NEURODIVERGÊNCIA

Que sinais o seu corpo dá quando você está perto da sobrecarga total?

VAMOS FALAR DE®
NEURODIVERGÊNCIA

O que você gostaria que o mundo entendesse sobre o que é ser neurodivergente?

VAMOS FALAR DE® NEURODIVERGÊNCIA

Quando você precisa
se concentrar por muito
tempo, o que o(a) ajuda
a manter o foco?

VAMOS FALAR DE® NEURODIVERGÊNCIA

Você prefere fazer uma tarefa de cada vez ou ter várias ao mesmo tempo?

VAMOS FALAR DE® NEURODIVERGÊNCIA

Quando alguém diz
“você está exagerando”,
como você se sente?

VAMOS FALAR DE® NEURODIVERGÊNCIA

Qual parte da sua história de vida ajuda você a entender sua neurodivergência hoje?

VAMOS FALAR DE® NEURODIVERGÊNCIA

Quais lugares deixam
você mais tranquilo(a)
para ser quem você
é de verdade?

VAMOS FALAR DE® NEURODIVERGÊNCIA

Em que parte do dia você sente mais energia? Consegue organizar sua rotina pensando nisso?

VAMOS FALAR DE®
NEURODIVERGÊNCIA

Como sua energia muda quando você está entre pessoas que entendem seu jeito de ser?

VAMOS FALAR DE® NEURODIVERGÊNCIA

Quando foi a primeira vez que você ouviu falar sobre neurodivergência? Como se sentiu?

VAMOS FALAR DE®
NEURODIVERGÊNCIA

Em que momentos você gostaria de pedir ajuda, mas se cala por medo de parecer fraco(a)?

VAMOS FALAR DE®
NEURODIVERGÊNCIA

Como você se sente quando recebe ordens em tom autoritário ou sem explicação?

VAMOS FALAR DE®
NEURODIVERGÊNCIA

Que tipo de rotina repetitiva lhe dá prazer, estabilidade ou calma?

VAMOS FALAR DE®
NEURODIVERGÊNCIA

Você já sentiu culpa por precisar de mais tempo, mais silêncio ou mais pausas?

VAMOS FALAR DE® NEURODIVERGÊNCIA

O que você gostaria de fazer com mais liberdade, sem medo de ser julgado(a)?

VAMOS FALAR DE® NEURODIVERGÊNCIA

Quando você não entende uma regra social, o que costuma fazer?

VAMOS FALAR DE®
NEURODIVERGÊNCIA

Em quais áreas da sua vida você já se adaptou tanto que até se esqueceu de como realmente gostaria de agir?

VAMOS FALAR DE® NEURODIVERGÊNCIA

Você sente necessidade de ensaiar mentalmente situações antes que elas aconteçam?

VAMOS FALAR DE® NEURODIVERGÊNCIA

Como você reage quando precisa lidar com tarefas que exigem muita organização?

VAMOS FALAR DE® NEURODIVERGÊNCIA

O que você diria
hoje para sua versão
mais jovem que ainda
não se entendia?

VAMOS FALAR DE® NEURODIVERGÊNCIA

Você prefere previsibilidade ou espontaneidade? Como isso influencia suas escolhas?

VAMOS FALAR DE®
NEURODIVERGÊNCIA

Como o seu ambiente afeta seu bem-estar sensorial e emocional?

VAMOS FALAR DE® NEURODIVERGÊNCIA

Você já sentiu que
precisava “explicar”
demais quem você é?
Como foi isso?

VAMOS FALAR DE® NEURODIVERGÊNCIA

Quais são suas maiores forças como pessoa neurodivergente?

VAMOS FALAR DE® NEURODIVERGÊNCIA

Você se cobra ser como os outros? O que acontece quando tenta se encaixar demais a padrões?

VAMOS FALAR DE® NEURODIVERGÊNCIA

Em quais situações
você se sente mais
autêntico(a) e aceito(a)?

VAMOS FALAR DE® NEUROdivergência

O que você gostaria que as pessoas entendessem sobre o seu jeito de pensar?

VAMOS FALAR DE® NEURODIVERGÊNCIA

Você sente que funciona em um ritmo diferente do mundo?
Como lida com isso?

VAMOS FALAR DE® NEURODIVERGÊNCIA

Como você lida
com interrupções ou
mudanças inesperadas
nos seus planos?

VAMOS FALAR DE® NEURODIVERGÊNCIA

Quais comentários das pessoas sobre você ficaram ecoando por muito tempo na sua mente?

VAMOS FALAR DE®
NEURODIVERGÊNCIA

Você sente que aprende de forma diferente? O que ajuda você a aprender melhor?

VAMOS FALAR DE® NEURODIVERGÊNCIA

Quando você sente que
está sendo você mesmo(a)
sem precisar se explicar?

VAMOS FALAR DE®
NEURODIVERGÊNCIA

Quais situações fazem você se sentir em alerta, mesmo quando não há perigo real?

VAMOS FALAR DE®
NEURODIVERGÊNCIA

Você se sente sobrecarregado(a) com interações sociais longas? O que ajuda você a se recuperar?

VAMOS FALAR DE®
NEURODIVERGÊNCIA

O que você gostaria de poder fazer do seu jeito, sem precisar se adaptar o tempo todo?

VAMOS FALAR DE® NEURODIVERGÊNCIA

Como sua mente responde quando há estímulos demais ao mesmo tempo?

VAMOS FALAR DE® NEUROLOGIA DIVERGÊNCIA

Em quais momentos
você sente que precisa
se esconder para
ser aceito(a)?

VAMOS FALAR DE® NEURODIVERGÊNCIA

Quais julgamentos você já ouviu sobre seu jeito de ser que mais o(a) machucaram?

VAMOS FALAR DE® NEURODIVERGÊNCIA

Você sente que suas necessidades são vistas como "exageradas" ou "demais"?

VAMOS FALAR DE® NEURODIVERGÊNCIA

Qual habilidade você desenvolveu por precisar se adaptar o tempo todo?

VAMOS FALAR DE® NEURODIVERGÊNCIA

Que regras do
cotidiano você gostaria
de poder ajustar para
o seu jeito de ser?

VAMOS FALAR DE®
NEURODIVERGÊNCIA

Você sente que precisa apresentar aos outros uma versão mais socialmente aceita de si? Comente.

VAMOS FALAR DE® NEURODIVERGÊNCIA

Quais tipos de crítica atingem você mais facilmente?

VAMOS FALAR DE®
NEURODIVERGÊNCIA

Como você explica
seu jeito de sentir o
mundo para alguém
que não tem a mesma
condição que você?

VAMOS FALAR DE® NEURODIVERGÊNCIA

O que você gostaria de dizer quando sente que está "desligando" ou "viajando"?

VAMOS FALAR DE® NEURODIVERGÊNCIA

Que tipo de rotina lhe
faz bem, mesmo que seja
diferente da maioria
das pessoas?

VAMOS FALAR DE®
NEURODIVERGÊNCIA

Você costuma se comparar com os outros? Como isso afeta você?

VAMOS FALAR DE®
NEURODIVERGÊNCIA

Quais pequenas
conquistas do seu dia
lhe dão orgulho?

VAMOS FALAR DE® NEURODIVERGÊNCIA

Que tipo de pessoa você está se tornando, agora que se compreende melhor?

VAMOS FALAR DE® NEURODIVERGÊNCIA

O que você gostaria que as crianças neurodivergentes soubessem desde cedo?

VAMOS FALAR DE®
NEURODIVERGÊNCIA

Quais formas de autocuidado funcionam melhor para o seu tipo de mente?

VAMOS FALAR DE® NEURODIVERGÊNCIA

Qual foi a coisa mais libertadora que você descobriu sobre sua neurodivergência?

VAMOS FALAR DE®
NEURODIVERGÊNCIA

Em que momentos
você sente que
seu corpo e sua mente
entram em conflito?

VAMOS FALAR DE®
NEURODIVERGÊNCIA

Você costuma se criticar por “ser demais” ou “sentir demais”? Comente.

VAMOS FALAR DE®
NEURODIVERGÊNCIA

Quando você precisa de ajuda, consegue pedir com facilidade?

VAMOS FALAR DE® NEURODIVERGÊNCIA

Que partes do seu jeito de ser você aprendeu a amar com o tempo?

VAMOS FALAR DE®
NEURODIVERGÊNCIA

Como você se sente quando pode seguir seu próprio ritmo sem pressões externas?

VAMOS FALAR DE® NEURODIVERGÊNCIA

O que você descobriu sobre si que gostaria que mais pessoas também descobrissem sobre si mesmas?

VAMOS FALAR DE® NEURODIVERGÊNCIA

Quando você não é interrompido(a), como sua linha de raciocínio flui?

VAMOS FALAR DE®
NEURODIVERGÊNCIA

Quais regras sociais
parecem confusas ou sem
sentido para você?

VAMOS FALAR DE®
NEURODIVERGÊNCIA

Que palavras você gostaria que usassem para descrever seu funcionamento, em vez de "difícil" ou "estranho"?

VAMOS FALAR DE®
NEURODIVERGÊNCIA

Como você responde a elogios? Consegue acreditar neles?

VAMOS FALAR DE® NEURODIVERGÊNCIA

Em quais situações você prefere observar do que participar?

VAMOS FALAR DE®
NEURODIVERGÊNCIA

Como seria um ambiente
verdadeiramente inclusivo
para o seu jeito de ser?

VAMOS FALAR DE® NEURODIVERGÊNCIA

Como sua mente funciona quando ninguém está observando você?

VAMOS FALAR DE® NEUROdivergência

Que pequenas atitudes do dia a dia você gostaria que as pessoas entendessem como formas de autocuidado neurodivergente?

VAMOS FALAR DE®
NEURODIVERGÊNCIA

O que seu silêncio costuma esconder quando o mundo está barulhento demais?

VAMOS FALAR DE®
NEURODIVERGÊNCIA

O que você precisou esconder para ser aceito(a)?

VAMOS FALAR DE®
NEURODIVERGÊNCIA

O que você gostaria que as escolas, empresas e famílias soubessem sobre pessoas neurodivergentes?

VAMOS FALAR DE®
NEURODIVERGÊNCIA

Que tipo de *feedback* é mais útil para você aprender ou melhorar algo?

VAMOS FALAR DE®
NEURODIVERGÊNCIA

Em que situações você sente que precisa de mais tempo que os outros?

VAMOS FALAR DE® NEURODIVERGÊNCIA

Você já se sentiu sobrecarregado(a) por estímulos que ninguém ao seu redor parecia perceber?

VAMOS FALAR DE®
NEURODIVERGÊNCIA

Que parte do seu jeito de ser você ainda sente dificuldade de aceitar?

VAMOS FALAR DE® NEURODIVERGÊNCIA

O que mudou na sua vida depois que você começou a entender sua neurodivergência?

VAMOS FALAR DE®
NEURODIVERGÊNCIA

Qual parte da sua rotina acalma e dá a você sensação de controle?

VAMOS FALAR DE® NEURODIVERGÊNCIA

Você já se sentiu invisível mesmo estando em um lugar cheio de gente? Comente.

VAMOS FALAR DE® NEUROGIVERGÊNCIA

Como você gostaria de ser ajudado(a) quando está sobrecarregado(a)?

VAMOS FALAR DE® NEUROVIERGÊNCIA

O que você percebe
antes dos outros,
mesmo que nem sempre
consigam ver?

VAMOS FALAR DE® NEURODIVERGÊNCIA

Que tipo de pausa ajuda sua mente e seu corpo a se organizarem melhor?

VAMOS FALAR DE®
NEURODIVERGÊNCIA

Você já percebeu
seu corpo reagindo antes
mesmo de você entender
o motivo? Como é essa
situação?

VAMOS FALAR DE® NEURODIVERGÊNCIA

Como você lida com
a sensação de estar
“sempre errando” mesmo
tentando acertar?

VAMOS FALAR DE®
NEURODIVERGÊNCIA

Qual é o seu maior desafio ao tentar explicar o que está sentindo?

VAMOS FALAR DE®
NEURODIVERGÊNCIA

Você se sente mais confortável em interações cara a cara ou por mensagens? Por quê?

VAMOS FALAR DE®
NEURODIVERGÊNCIA

Em que momentos sua mente parece funcionar rápido demais no mundo ao seu redor?

VAMOS FALAR DE®
NEURODIVERGÊNCIA

Que tipo de silêncio
você mais aprecia:
o externo ou o interno?

VAMOS FALAR DE®
NEURODIVERGÊNCIA

O que o seu hiperfoco tem a dizer sobre seus interesses mais profundos?

VAMOS FALAR DE® NEURODIVERGÊNCIA

O que acontece dentro de você quando precisa ficar muito tempo em ambientes com muitas pessoas?

VAMOS FALAR DE® NEURODIVERGÊNCIA

Em qual momento da sua vida você começou a entender melhor quem você é?